AF257752

OBSERVATIONS.

OBSERVATIONS

SUR

LE PROJET DE LOI

RELATIF

AUX DROITS CIVILS ET POLITIQUES

DES

HOMMES DE COULEUR DES COLONIES FRANÇAISES,

Adressées à la Chambre des Pairs.

PARIS,

DE L'IMPRIMERIE DE AUGUSTE MIE,

Rue Joquelet, n° 9, place de la Bourse.

1833.

OBSERVATIONS

SUR LE PROJET DE LOI

RELATIF

AUX DROITS CIVILS ET POLITIQUES

DES HOMMES DE COULEUR DES COLONIES FRANÇAISES.

Messieurs les Pairs,

Lorsqu'il fut présenté à la chambre des députés, à la dernière session, le projet de loi sur les droits civils et politiques des hommes libres des colonies françaises était conçu dans un tout autre esprit. C'était alors une loi d'application générale, une sorte de charte coloniale régissant toute personne née libre, *sans distinction de couleur.*

Aujourd'hui, ce n'est plus qu'une loi spéciale applicable seulement à l'une des deux classes libres. L'absence de ces mots, *sans distinction de couleur,* retranchés de l'article premier, laisserait la possibilité de l'abroger plus tard, sans nuire aux droits civils et politiques des blancs. Il me paraît donc indispensable de rétablir ces mots à leur place pour confondre ainsi tous les intérêts, et pour donner à cet acte législatif l'immuabilité de l'article premier de la charte constitutionnelle.

Lorsque l'assemblée nationale décréta l'égalité de tous les Français, elle n'a pas dit : *le tiers-état jouira des droits civils et politiques ;* elle confondit dans la même déclaration la noblesse, le clergé, le tiers-état. *Tous les citoyens sont égaux aux yeux de la loi, sans autre distinction que celle de leurs vertus et de leurs talens.* La question est la même pour les colonies, les blancs y sont privilégiés comme la noblesse et le clergé étaient privilégiés en France ; et la loi doit être générale là comme ici. La charte de 1830 porte : *Tous les Français sont égaux devant la loi quels que soient d'ailleurs leurs titres et leurs rangs.* Les mots *sans autre distinction de couleur* seraient donc les équivalens de ceux-là : *sans autre distinction* etc., de la constitution de 91, et de ceux-ci : *quels que soient d'ailleurs leurs titres et leurs rangs,* de la charte de 1830.

Si la bonne foi doit se trouver quelque part,

c'est surtout dans la loi. Ou le gouvernement veut tenir les promesses qu'il a faites aux hommes de couleur, ou il ne le veut pas. Dans le premier cas, il doit leur donner toutes les garanties possibles; dans l'autre cas, il doit leur imposer sa volonté et le dire hautement.

J'ai sollicité sans pouvoir l'obtenir, mais je persisterai jusqu'au bout à demander que la loi proclame à quel titre les hommes libres des colonies françaises jouissent de leurs droits civils et politiques. Ces droits découlent de l'article premier de la charte, je crois l'avoir démontré dans une très courte argumentation que je mets sous les yeux de MM. les Pairs, ainsi qu'une consultation de Mr Crémieux sur cet objet. M. le Directeur-général des colonies, chargé de soutenir la discussion de nos lois, partage cette opinion; nous avons toujours été d'accord sur ce point. M. le ministre de la marine, lui-même, dans son exposé des motifs à la chambre des députés à la dernière session s'exprimait ainsi : « La charte veut que tous les « Français soient égaux devant la loi, et soient « tous également admissibles aux emplois pu- « blics. La loi proposée n'est donc que *la re-* « *connaissance d'un droit en ce qui concerne* « *les hommes de couleur,* nés en état de liber-

« té. » Dès lors pourquoi ne pas le dire dans la loi? Et qu'on n'objecte pas que cette garantie soit surabondante; dans une loi tout ce qui peut la rendre bien claire, bien nette, d'une application facile n'est jamais surabondant, et surtout lorsqu'il s'agit d'une loi déclarative de droits, droits trop longtemps méconnus dont l'absence a fait souffrir à une classe nombreuse de si profondes misères et l'a placée devant la loi locale dans un état d'abjection tel, que chacun se demande comment elle a pu le supporter jusqu'ici!

Je supplie donc messieurs les pairs d'introduire par amendement dans l'article 1er de cette loi ces mots : *Sans distinction de couleur*, ainsi qu'une disposition qui fasse découler de l'article 1er de la charte la reconnaissance de nos droits. Qu'il me soit permis de formuler ainsi ma pensée :

En vertu de l'article 1er de la charte, les individus nés libres, sans distinction de couleur, ou ayant acquis légalement la liberté, sont égaux devant la loi et jouissent, dans les colonies françaises, 1° des droits civils; 2° des droits politiques, aux conditions prescrites par les lois.

Dans son exposé des motifs, M. le ministre a dit que les articles introduits dans le précédent projet de loi par la commission de la chambre des députés en ce qui concerne les libres de fait étaient aujourd'hui sans objet. Je crois le ministre mal informé. A la Guadeloupe, à la date du 12 novembre (il y a cinquante-quatre jours), peu de libres de fait avaient obtenu leur liberté régulière. Une ordonnance locale avait prescrit un délai de six mois pour l'obtention de leurs titres; ces délais étaient expirés depuis six, huit, dix et douze mois, et ces titres ne leur avaient pas encore été délivrés. Une ordonnance du roi, du 12 février 1832, qui fixe ce délai à six mois, a été publiée dans la colonie le 31 octobre dernier; tous les libres de fait étaient tenus de se conformer aux dispositions de cette nouvelle ordonnance, et on ne leur comptait que pour trois mois seulement le stage de six, huit, dix et douze mois qu'ils avaient déjà fait. Dans ces pays où les gouverneurs ont d'immenses pouvoirs discrétionnaires, et où ils peuvent à leur gré suspendre l'exécution des ordonnances royales, doit-on les laisser disposer arbitrairement du sort des libres de fait? Il est donc utile de rétablir dans la loi les articles 3, 4, 5, 6, 7 et 9 (l'article 8 étant sans application) proposés par la commission de la chambre des députés. La loi ainsi amendée, voici dans quel ordre se trouveraient les deux articles de la loi actuelle et ceux de la commission :

Art. 1ᵉʳ.

En vertu de l'article 1ᵉʳ de la charte, les individus nés libres, sans distinction de couleur, ou ayant acquis légalement la liberté, sont égaux devant la loi, et jouissent dans les colonies françaises, 1° des droits civils ; 2° des droits politiques, aux conditions prescrites par les lois.

Art. 2.

Toute personne, sans distinction de couleur, qui jouit de la liberté de fait, sera définitivement reconnue libre sans qu'elle soit obligée de produire aucun titre ou acte de notoriété, si, dans les délais fixés par les articles suivans, opposition n'est formée à titre de propriété sur la personne requérante.

Art. 3.

Le requérant déclarera sa demande à l'officier de l'état civil de la commune où il a sa résidence habituelle ; elle sera inscrite sur un registre spécial.

Elle sera affichée, dans les huit jours, à la porte de la mairie et à celle de l'auditoire du tribunal de première instance.

Elle sera en outre insérée trois fois, de huitaine en huitaine, dans un des journaux de la colonie, s'il y en a.

Ces publications et insertions seront faites d'office et aux frais de la caisse coloniale.

Art. 4.

S'il y a réclamation, les oppositions seront formées dans les six mois de la dernière insertion au journal de la colonie, ou dans les six mois de la dernière affixion, soit à la mairie, soit à la porte du tribunal, s'il n'y a pas de journal.

Les oppositions devront être motivées et contenir assignation en validité devant le tribunal dans le ressort duquel auront eu lieu les affixions.

Elles seront notifiées au procureur du roi et au requérant.

Elles seront dénoncées, dans la huitaine, à l'officier de l'état-civil, qui devra en faire mention en marge de la demande.

Art. 5.

Le tribunal prononcera sommairement et à bref délai.

S'il y a appel, il sera interjeté dans quinzaine de la signification du jugement, et jugé comme affaire urgente.

Le recours en cassation ne sera ouvert qu'à ceux dont la liberté sera contestée.

Art. 6.

S'il n'y a pas de réclamations dans le délai de six mois, ou si les réclamations sont reconnues mal fondées, le requérant sera définitivement inscrit comme libre sur les registres de l'état civil.

Extrait de l'inscription lui sera délivré sans frais.

Art. 7.

Aucune des dispositions ci-dessus ne s'applique au cas de marronage.

Art. 8.

Sont abrogées toutes dispositions de lois, édits, déclarations du roi, ordonnances royales, ou autres actes contraires à la présente loi, et notamment toutes restrictions ou exclusions qui avaient été prononcées, quant à l'exercice des droits civils et des droits politiques, à l'égard des hommes de couleur libres et des affranchis.

Messieurs les pairs,

Un grand acte de justice distributive est soumis à votre examen et à votre sanction; en le rattachant à la Charte et en accueillant mes réclamations en faveur des libres de fait, vous aurez travaillé dans l'intérêt général des colonies. Si M. le ministre a été bien informé au sujet de ces libres de fait, l'introduction dans la loi des articles de la commission de la chambre des députés formerait une superfétation sans danger ; dans le cas contraire, vous auriez à regretter, en omettant les articles précités, de n'avoir fait qu'une œuvre incomplète.

La condition rigoureuse de la tranquillité future des colonies, c'est la fusion politique entre les personnes libres, quelles qu'elles soient. Dans le Journal des Débats du 9 mai 1829 je m'exprimais ainsi : « L'émancipation « des hommes de couleur libres est une ques- « tion vitale pour nos colonies. Avec elle, « leur avenir est assuré ; sans elle, tout est « incertitude et danger, et elle est, en un mot, « aussi nécessaire aux blancs qu'aux hommes « de couleur. »

La révolution de juillet n'a fait que corroborer ma conviction et il s'agit aujourd'hui de donner à cette émancipation les garanties de stabilité que n'offre pas la loi telle qu'elle vous a été présentée, et qui peuvent seules calmer les appréhensions des hommes de couleur, appréhensions naturelles à des hommes longtemps opprimés et que ne justifie que trop d'ailleurs ce qui se passe autour d'eux.

J'aurai l'honneur de soumettre bientôt à la Chambre quelques observations sur la loi organique.

Je suis avec le plus profond respect,

Messieurs les pairs,

Votre très-humble et très-obéissant serviteur,

MONDÉSIR RICHARD,

Mandataire général et spécial des hommes de couleur de la Guadeloupe.

Paris, le 5 janvier 1833.